ANNA WALZ

BLECHKUCHEN

FOTOGRAFIE: MATHIAS NEUBAUER, COCO LANG

INHALT

Öffnen Sie die Klappen dieses Buches.
Dort finden Sie die wichtigsten Infos zum Thema auf einen Blick!

DAS PRINZIP: BLECHKUCHEN

DIE PERFEKTE KOMBI

Immer griffbereit:

SO GEHT'S: RÜHRTEIG

Immer griffbereit:

SO GEHT'S: HEFETEIG

GU CLOU

Wussten Sie schon, dass …?
Entdecken Sie bei einigen ausgewählten Rezepten ganz besondere Tipps mit verblüffendem Insiderwissen. Aha-Momente garantiert!

Die Backzeiten können je nach Herd variieren. Unsere Temperaturangaben beziehen sich auf das Backen im Elektroherd mit Ober- und Unterhitze.

Sammeln Ihrer Lieblingsrezepte mit der »GU Kochen Plus«-App (siehe S. 64)

REZEPTKAPITEL

ANNA WALZ

Blechkuchen haben nicht gerade den Ruf, aufregend zu sein. Sie sind praktisch, schnell gemacht und man bekommt viele kuchenhungrige Gäste damit satt. Dass sie aber auch ausgefallen und besonders lecker sein können, das wollte ich mit den verschiedenen Rezepten in diesem Buch zeigen!

Wie bist du eigentlich zum Backen gekommen?

Backen liegt mir gewissermaßen im Blut. Ich bin Konditorin in der 5. Generation und sozusagen in der Backstube meiner Eltern aufgewachsen. Bis Anfang 20 habe ich aber nicht einmal Kekse hinbekommen. Denn Backen war bis dahin allein den Männern in der Familie vorbehalten, und wenn es nach meinen Eltern gegangen wäre, hätte ich ohnehin etwas ganz anderes machen sollen. Ich habe mich dann aber doch durchgesetzt und eine Ausbildung im elterlichen Betrieb gemacht. Und bin jetzt als freiberufliche Foodstylistin und Rezeptautorin tätig.

Was ist das Tolle an Blechkuchen?

Die meisten stellen sich unter Blechkuchen erst einmal nichts Aufregendes vor. Sie sind schnell gemacht, lassen sich gut transportieren und reichen auch für eine größere Gesellschaft. Doch das Innovative und Interessante muss darunter in keiner Weise leiden. Ganz im Gegenteil, gerade bei Rührteigen kann man mit den verschiedensten Zutaten sehr gut experimentieren und auch der jeweilige Belag kann durch das Lieblingsobst oder eine besondere Creme leicht aufgepeppt werden.

Muss man trotzdem etwas beim Backen beachten?

Ja klar, auch bei Blechkuchen muss man sich natürlich immer recht genau an das Rezept halten. Das mögen viele nicht so gerne. Doch das Ergebnis überzeugt! Da Blechkuchen durch ihre meist kürzere Back- und Kühlzeit schneller fertig sind als andere Torten, kann man beim Backen von Biskuit- und Rührteigen auf das Vorbacken verzichten. Wenn es trotzdem mal schnell gehen muss, können Blechkuchen sehr gut in Stücke geschnitten tiefgekühlt werden und sind bei Bedarf durch ihre geringe Höhe fix aufgetaut.

BLITZ-TORTENBODEN ZUM BELEGEN

5 Eier mit 5 EL Wasser und 1 Prise Salz in 15 Min. cremig aufschlagen.

Dabei 200 g Zucker nach und nach einrieseln lassen.

180 g Mehl, …

… 40 g Stärke, …

… 2 TL Backpulver mischen und vorsichtig unter den Teig heben.

Den Teig auf ein mit Backpapier ausgelegtes, gefettetes Backblech geben und gleichmäßig verstreichen. Im vorgeheizten Ofen (180°, Mitte) 15–20 Min. backen. Nach dem Auskühlen nach Wunsch mit Obst belegen.

DAS GANZE JAHR

Für 20 Stücke • 30 Min. Zubereitung • 45 Min. Gehen • 25 Min. Backen •
Pro Stück ca. 260 kcal, 5 g E, 12 g F, 34 g KH

STREUSELKUCHEN VOM BLECH

GÜNSTIG

200 ml Milch
21 g frische Hefe (½ Würfel)
170 g Zucker
2 Pck. Vanillezucker
675 g Mehl
Salz
1 Ei (M)
250 g Butter
1 Backblech (Innenmaße ca. 41 × 35 cm)
Butter für das Blech
Mehl zum Arbeiten

1 Milch handwarm erwärmen, zerbröckelte Hefe und 1 EL Zucker einrühren. 10 Min. stehen lassen. 30 g Zucker, 1 Pck. Vanillezucker, 375 g Mehl sowie 1 Prise Salz mischen und mit Hefemilch, Ei und 50 g zimmerwarmer Butter zu einem glatten Teig verkneten. Abgedeckt an einem warmen Ort ca. 45 Min. gehen lassen.

2 Übriges Mehl (300 g), restlichen Zucker (120 g), 1 Pck. Vanillezucker und 1 Prise Salz in einer Schüssel mischen. 200 g kalte Butter in kleinen Würfeln zugeben und mit den Knethaken des Handrührgeräts krümelig untermischen. Die Streusel abgedeckt kühl stellen.

3 Den Backofen auf 200° vorheizen. Das Backblech fetten und mit Backpapier auslegen. Den Teig auf der leicht bemehlten Arbeitsfläche auf Blechgröße ausrollen und auf das Backpapier geben. Streusel gleichmäßig auf dem Teigboden verteilen. Im Ofen (Mitte) 20–25 Min. backen. Danach auf einem Kuchenrost auskühlen lassen.

Für 20 Stücke • 30 Min. Zubereitung • 45 Min. Gehen • 20 Min. Backen • Pro Stück ca. 240 kcal, 5 g E, 14 g F, 25 g KH

BUTTERKUCHEN MIT MANDELN

FÜR KINDER

200 ml Milch
21 g frische Hefe (½ Würfel)
200 g Zucker
1 Pck. Vanillezucker
375 g Mehl
Salz
1 Ei (M)
200 g weiche Butter
150 g Mandelblättchen
1 Backblech (Innenmaße ca. 41 × 35 cm)
Butter für das Blech
Mehl zum Arbeiten

1 Milch handwarm erwärmen. Die Hefe in die Milch bröckeln und mit 1 EL Zucker verrühren. Etwa 10 Min. stehen lassen. 30 g Zucker, 1 Pck. Vanillezucker, Mehl sowie 1 Prise Salz mischen und mit Hefemilch, Ei und 50 g zimmerwarmer Butter zu einem glatten Teig verkneten. Abgedeckt an einem warmen Ort ca. 45 Min. gehen lassen.

2 Übrige Butter (150 g) und restlichen Zucker (150 g) bei kleiner Hitze schmelzen und 1–2 Min. köcheln lassen. Mandeln unterrühren.

3 Den Backofen auf 200° vorheizen. Das Backblech fetten und mit Backpapier auslegen. Den Teig auf der leicht bemehlten Arbeitsfläche auf Blechgröße ausrollen und auf das Backpapier geben. Mit den Fingern einen schmalen Rand formen und Vertiefungen in den Teig drücken. Den Guss gleichmäßig auf dem Teigboden verteilen. Im vorgeheizten Backofen (Mitte) 15–20 Min. backen. Anschließend herausnehmen und auf einem Kuchenrost auskühlen lassen.

Für 20 Stücke • 50 Min. Zubereitung • 1 Std. Kühlen • 10 + 40 Min. Backen • Pro Stück ca. 305 kcal, 8 g E, 17 g F, 31 g KH

SCHOKO-KIRSCH-KUCHEN

FÜR GÄSTE

FÜR DEN MÜRBETEIG

300 g Mehl
30 g Kakaopulver
Salz
200 g Butter
100 g Puderzucker
1 Ei (M)

FÜR DIE CREME

2 Gläser Sauerkirschen (à 350 g Abtropfgewicht)
½ Bio-Zitrone
450 g Schmand
450 g Magerquark
120 g Puderzucker
1 Pck. Vanillezucker
5 Eier (M)

AUSSERDEM

1 Backblech (Innenmaße ca. 41 × 35 cm)
Butter für das Blech
Mehl zum Arbeiten

MÜRBETEIG: Mehl, Kakao und 1 Prise Salz in einer Schüssel mischen. Butter in Würfeln hinzufügen und mit den Knethaken des Handrührgeräts krümelig untermischen. Puderzucker und Ei zugeben und alles zügig zu einem glatten Teig verkneten. In Frischhaltefolie gewickelt etwa 1 Std. kühl stellen.

VORBACKEN: Backofen auf 180° vorheizen. Das Backblech fetten und mit Backpapier auslegen. Den Teig auf der leicht bemehlten Arbeitsfläche auf Blechgröße ausrollen und auf das Backpapier geben. Mit den Fingern rundherum einen Rand formen. Den Teig mit einer Gabel mehrmals einstechen und im vorgeheizten Ofen (Mitte) ca. 10 Min. vorbacken.

CREME: In der Zwischenzeit die Sauerkirschen in ein Sieb abgießen und abtropfen lassen. Die Zitrone heiß waschen, abtrocknen und etwa 2 TL Schale fein abreiben. Die Zitronenschale mit Schmand, Magerquark, Puderzucker, Vanillezucker und Eiern zu einer glatten Creme verrühren.

FERTIGSTELLEN: Am Ende der Vorbackzeit den Mürbeteigboden aus dem Ofen nehmen und mit der Creme bestreichen. Zuletzt die Sauerkirschen gleichmäßig darauf verteilen und alles weitere 35–40 Min. backen. Anschließend herausnehmen und auf einem Kuchenrost auskühlen lassen.

Für 20 Stücke • 40 Min. Zubereitung • 30 Min. Backen • Pro Stück ca. 440 kcal, 5 g E, 21 g F, 57 g KH

MARMELADEN-STREUSELKUCHEN

EINFACH

650 g Mehl
320 g Zucker
1 Pck. Vanillezucker
Salz
450 g Butter
4 Eier (M)
3 TL Backpulver
100 ml Milch
550 g Marmelade (z. B. Erdbeere, Kirsche, Aprikose)
1 Backblech (Innenmaße ca. 41 × 35 cm)
Butter für das Blech

1 300 g Mehl, 120 g Zucker, Vanillezucker und 1 Prise Salz in einer Rührschüssel mischen. 200 g kalte Butter in kleinen Würfeln zugeben und mit den Knethaken des Handrührgeräts krümelig untermischen. Die Streusel abgedeckt in den Kühlschrank stellen.

2 Den Backofen auf 180° vorheizen. Ein Backblech fetten und mit Backpapier auslegen. 250 g zimmerwarme Butter mit übrigem Zucker (200 g) und 1 Prise Salz in 8 Min. cremig aufschlagen. Eier nach und nach unterrühren. Restliches Mehl (350 g) und Backpulver mischen und beides im Wechsel mit der Milch unter den Teig rühren.

3 Teig auf das Backpapier geben und sehr glatt sowie gleichmäßig bis zum Rand des Bleches verstreichen. Marmelade vorsichtig darauf verteilen, die Streusel darüber streuen. Im vorgeheizten Ofen (Mitte) ca. 30 Min. backen. Danach auf einem Kuchenrost auskühlen lassen.

Für 20 Stücke • 40 Min. Zubereitung • 40 Min. Backen • Pro Stück ca. 320 kcal, 6 g E, 17 g F, 36 g KH

BANANENBROT VOM BLECH

MIT BISS

200 g weiche Butter
1 Pck. Vanillezucker
140 g Zucker
Salz
10 reife Bananen (ca. 1400 g)
200 g Walnusskerne
4 Eier (M)
500 g Weizenmehl
1 Pck. Backpulver
1 Backblech (Innenmaße ca. 41 × 35 cm)
Butter für das Blech

1 Den Backofen auf 180° vorheizen. Das Backblech fetten und mit Backpapier auslegen. Zimmerwarme Butter, Vanillezucker, Zucker und 1 Prise Salz in 8 Min. hell-cremig aufschlagen.

2 Inzwischen 5 Bananen schälen und mit einer Gabel fein zerdrücken. Walnüsse grob hacken. Die Eier einzeln in die aufgeschlagene Butter einrühren, dann das Bananenmus zugeben. Gehackte Nüsse, Mehl und Backpulver mischen und gleichfalls unter den Teig rühren.

3 Den Teig auf das Backpapier geben und sehr glatt sowie gleichmäßig bis zum Rand des Bleches verstreichen. Übrige Bananen (5) schälen, längs halbieren und mit der Schnittfläche nach oben auf dem Teig verteilen. Das Blech in den vorgeheizten Backofen (Mitte) schieben und den Teig 35–40 Min. backen. Das fertige Bananenbrot aus dem Ofen nehmen und auf einem Kuchenrost auskühlen lassen.

Für 24 Stücke • 55 Min. Zubereitung • 1 Std. Kühlen • 50 Min. Backen •
Pro Stück ca. 370 kcal, 13 g E, 16 g F, 42 g KH

RUSSISCHER ZUPFKUCHEN

KLASSIKER

FÜR DEN MÜRBETEIG

500 g Mehl
40 g Kakaopulver
1 Pck. Backpulver
Salz
250 g Butter
250 g Puderzucker
2 Eier (M)

FÜR DIE CREME

6 Eier (M)
300 g Zucker
125 g Butter
1 Bio-Zitrone
1,5 kg Magerquark
1 Pck. Vanillepuddingpulver

AUSSERDEM

1 Backblech (Innenmaße ca. 41 × 35 cm)
Butter für das Blech
Mehl zum Arbeiten

MÜRBETEIG: Mehl, Kakao, Backpulver und 1 Prise Salz in einer Rührschüssel vermischen. Die Butter in kleinen Würfeln hinzufügen und mit den Knethaken des Handrührgeräts krümelig untermischen. Zuletzt den Puderzucker und die Eier zugeben und alles zügig zu einem glatten Teig verkneten. In Frischhaltefolie gewickelt etwa 1 Std. kühl stellen.

CREME: 3 Eier mit 100 g Zucker in 8 Min. hell-cremig aufschlagen. Inzwischen die Butter in einem Topf bei kleiner Hitze schmelzen und etwas abkühlen lassen. Die Zitrone heiß waschen, abtrocknen und ca. 3 TL Schale fein abreiben, den Saft auspressen. Die Butter und restliche 3 Eier mit übrigem Zucker (200 g), Zitronenschale und -saft, Quark und Puddingpulver glatt verrühren. Die aufgeschlagenen Eier unterheben.

FERTIGSTELLEN: Den Backofen auf 180° vorheizen. Das Backblech fetten und mit Backpapier auslegen. Auf der leicht bemehlten Arbeitsfläche etwa zwei Drittel des Teiges auf Blechgröße ausrollen und auf das Backpapier geben. Mit den Fingern rundherum einen kleinen Rand formen. Die Creme auf dem Boden verstreichen. Restlichen Teig in Stücke zupfen, leicht flach drücken und auf der Creme verteilen.

BACKEN: Den Zupfkuchen im vorgeheizten Ofen (Mitte) etwa 50 Min. backen. Am Ende der Backzeit herausnehmen und auf einem Kuchenrost auskühlen lassen.

Für 20 Stücke • 30 Min. Zubereitung • 20 Min. Backen • Pro Stück ca. 340 kcal, 5 g E, 22 g F, 30 g KH

WALNUSS-BLONDIES

AUS AMERIKA

250 g weiße Schokolade
200 g Walnusskerne
250 g Butter
200 g feiner brauner Zucker
Salz
4 Eier (M)
300 g Mehl
2 TL Backpulver
1 Backblech (Innenmaße ca. 41 × 35 cm)
Butter für das Blech

1 Den Backofen auf 180° vorheizen. Das Backblech fetten und mit Backpapier auslegen. Schokolade und Walnüsse grob hacken.

2 Butter und 200 g gehackte Schokolade in eine hitzefeste Schüssel geben und über dem heißen Wasserbad langsam schmelzen. Restliche Schokolade mit den gehackten Walnüssen vermischen.

3 Butter-Schoko-Mix mit Zucker und 1 Prise Salz verrühren. Eier einzeln zugeben. Mehl mit Backpulver mischen und unterrühren.

4 Teig auf das Backpapier geben und sehr glatt sowie gleichmäßig bis zum Rand des Bleches verstreichen. Den Walnuss-Schoko-Mix darüber streuen. Im vorgeheizten Ofen (Mitte) etwa 20 Min. backen, dann herausnehmen und auf einem Kuchenrost auskühlen lassen.

Für 24 Stücke • 40 Min. Zubereitung • 25 Min. Backen • 30 Min. Auskühlen • 1 Std. Kühlen • Pro Stück ca. 335 kcal, 5 g E, 22 g F, 26 g KH

CAPPUCCINO-KUCHEN

EINFACH

300 g weiche Butter
370 g Puderzucker
Salz
5 Eier (M)
300 g Mehl
1 Pck. Backpulver
100 ml starker Espresso
400 g Mascarpone
250 g Magerquark
150 g Sahne
50 g Amarettini
1 Backblech (Innenmaße ca. 41 × 35 cm)
Butter für das Blech
Kakaopulver zum Bestäuben (nach Belieben)

1 Den Backofen auf 180° vorheizen. Das Backblech fetten und mit Backpapier auslegen. Zimmerwarme Butter mit 250 g Puderzucker und 1 Prise Salz in 8 Min. cremig aufschlagen. Eier einzeln einrühren. Mehl und Backpulver mischen und im Wechsel mit dem Espresso unter den Teig rühren. Den Teig auf das Backpapier geben und sehr glatt sowie gleichmäßig bis zum Rand des Bleches verstreichen. Im vorgeheizten Ofen (Mitte) ca. 25 Min. backen. Den fertigen Tortenboden etwa 30 Min. auf einem Kuchenrost auskühlen lassen.

2 Mascarpone, Quark und übrigen Puderzucker (120 g) in 3 Min. cremig aufschlagen. Sahne steif schlagen, unterheben. Den Tortenboden vom Backpapier lösen und auf eine Kuchenplatte geben. Die Creme leicht wolkig aufstreichen. 1 Std. kühl stellen.

3 Vor dem Servieren den Kuchen nach Wunsch mit Kakaopulver bestäuben. Amarettini zerbröseln und über die Creme streuen.

MOUSSE-AU-CHOCOLAT-SCHNITTEN

FÜR GÄSTE

Für 24 Stücke • 45 Min. Zubereitung • 25 Min. Backen • 1 Std. Kühlen • Pro Stück ca. 415 kcal, 6 g E, 30 g F, 31 g KH

FÜR DEN RÜHRTEIG

250 g weiche Butter
200 g Zucker
Salz
4 Eier (M)
300 g Mehl
40 g Kakaopulver
3 TL Backpulver
100 ml Milch

FÜR DIE MOUSSE

375 g Zartbitterschokolade (mind. 60 % Kakaogehalt)
150 ml Milch
650 g Sahne

FÜR DEN KROKANT

150 g Zucker
150 g Walnusskerne

AUSSERDEM

1 Backblech (Innenmaße ca. 41 × 35 cm)
Butter für das Blech

RÜHRTEIG: Backofen auf 180° vorheizen. Das Backblech fetten und mit Backpapier auslegen. Zimmerwarme Butter mit Zucker und 1 Prise Salz in 8 Min. cremig aufschlagen (1). Eier einzeln zugeben. Mehl, Kakao sowie Backpulver mischen und im Wechsel mit der Milch unter den Teig rühren.

Den Teig auf das Backpapier geben und sehr glatt sowie gleichmäßig bis zum Rand des Bleches verstreichen (2). Im vorgeheizten Ofen (Mitte) ca. 25 Min. backen. Den fertigen Tortenboden auf einem Kuchenrost auskühlen lassen.

MOUSSE: Die Schokolade grob hacken, in eine hitzefeste Schüssel geben und über dem heißen Wasserbad langsam schmelzen. Die Milch mit einem Rührbesen untermischen (3) und den Schoko-Mix vom Wasserbad nehmen.

Sahne steif schlagen und in zwei Portionen unter den Schoko-Mix heben. Ist dieser bereits zu fest geworden, nochmals kurz über dem Wasserbad erwärmen und leicht abkühlen lassen, bevor die Sahne zugefügt wird. Tortenboden vom Backpapier lösen und auf eine Kuchenplatte geben. Die Mousse gleichmäßig und leicht wolkig aufstreichen (4). Etwa 1 Std. kühlen.

KROKANT: Zucker in einer weiten Pfanne mit 4 EL Wasser verrühren. Bei mittlerer bis großer Hitze goldbraun karamellisieren lassen. Dabei nicht umrühren! Walnüsse dazu geben und mittels Silikonteigschaber mit dem Karamell verrühren (5). Anschließend sofort auf einen Bogen Backpapier geben und etwas verteilen. Etwa 10 Min. abkühlen und fest werden lassen, dann grob hacken. Kurz vor dem Servieren den Kuchen in 24 Stücke schneiden und mit dem Krokant bestreuen (6).

Für 24 Stücke • 55 Min. Zubereitung • 25 Min. Backen • 30 Min. Abkühlen • 1 Std. Kühlen • Pro Stück ca. 285 kcal, 4 g E, 17 g F, 29 g KH

SCHWARZWÄLDER-KIRSCH-TORTE VOM BLECH

FÜR FESTLICHE ANLÄSSE

FÜR DEN RÜHRTEIG

250 g weiche Butter
200 g Zucker
Salz
4 Eier (M)
300 g Mehl
40 g Kakaopulver
3 TL Backpulver
100 ml Milch

FÜR DEN BELAG

2 Gläser Sauerkirschen (à 350 g Abtropfgewicht)
2 Pck. Vanillepuddingpulver
30 ml Kirschwasser (nach Belieben)
400 g Sahne
2 Pck. Sahnefestiger
80 g Zartbitterschokoladenraspel (nach Belieben)

AUSSERDEM

1 Backblech (Innenmaße ca. 41 × 35 cm)
Butter für das Blech

RÜHRTEIG: Backofen auf 180° vorheizen. Das Backblech fetten und mit Backpapier auslegen. Zimmerwarme Butter mit Zucker und 1 Prise Salz in 8 Min. cremig aufschlagen. Eier nach und nach unterrühren. Mehl, Kakao und Backpulver mischen. Mehl-Mix und Milch abwechselnd unter den Teig rühren.

Teig auf das Backpapier geben und sehr glatt sowie gleichmäßig bis zum Rand des Bleches verstreichen. Im vorgeheizten Ofen (Mitte) ca. 25 Min. backen. Den fertigen Tortenboden etwa 30 Min. auf einem Kuchenrost auskühlen lassen.

KIRSCHKOMPOTT: Den Tortenboden vorsichtig vom Backpapier lösen und auf eine Kuchenplatte geben. Kirschen in ein Sieb abgießen, den Saft dabei auffangen. Etwas Saft mit dem Vanillepuddingpulver verrühren, den Rest aufkochen.

Den Topf vom Herd nehmen, das Puddingpulver in den Saft einrühren, dann alles nochmals aufkochen, bis die Mischung eindickt. Den Pudding vom Herd nehmen, Kirschen und nach Belieben Kirschwasser unterrühren und die noch heiße Masse gleichmäßig auf dem Tortenboden verstreichen.

FERTIGSTELLEN: Sahne mit Sahnefestiger steif schlagen und auf den abgekühlten Kirschen verstreichen. Nach Wunsch mit Schokoraspel bestreuen. Die Torte ca. 1 Std. kühl stellen.

GU
CLOU

Mit Rührteig statt Biskuitboden und ohne den etwas verzwickten Aufbau der Torte ist der sonst deutlich aufwendigere Klassiker ruckzuck gemacht und gelingt einfach immer!

Für 24 Stücke • 45 Min. Zubereitung • 25 Min. Backen • 30 Min. Abkühlen • 1 Std. Kühlen • Pro Stück ca. 305 kcal, 7 g E, 18 g F, 27 g KH

MAULWURF-KUCHEN

KLASSIKER

FÜR DEN RÜHRTEIG

300 g weiche Butter
250 g Zucker
Salz
5 Eier (M)
350 g Mehl
50 g Kakaopulver
1 Pck. Backpulver
100 ml Milch

FÜR DIE CREME

500 g Magerquark
400 g Sahne
6 Bananen (ca. 800 g)

AUSSERDEM

1 Backblech (Innenmaße ca. 41 × 35 cm)
Butter für das Blech

RÜHRTEIG: Backofen auf 180° vorheizen. Das Backblech fetten und mit Backpapier auslegen. Zimmerwarme Butter mit Zucker und 1 Prise Salz in 8 Min. cremig aufschlagen. Eier nach und nach unterrühren. Mehl, Kakao und Backpulver mischen. Mehl-Mix und Milch abwechselnd unter den Teig rühren.

Den Teig auf das Backpapier geben und sehr glatt sowie gleichmäßig bis zum Rand des Bleches verstreichen. Im vorgeheizten Ofen (Mitte) etwa 25 Min. backen. Den fertigen Boden ca. 30 Min. auf einem Kuchenrost auskühlen lassen.

CREME: Quark glatt rühren. Die Sahne steif schlagen und in zwei Portionen unter den Quark heben.

FERTIGSTELLEN: Den Tortenboden vorsichtig vom Backpapier lösen und auf eine Kuchenplatte geben. Etwa 0,5 cm der Oberfläche abschneiden und in einer kleinen Schüssel zerkrümeln. Bananen schälen, längs halbieren. Die Hälften auf dem Tortenboden verteilen. Creme gleichmäßig aufstreichen und mit Teigbröseln bestreuen. Kuchen ca. 1 Std. kühl stellen.

Für 24 Stücke • 40 Min. Zubereitung • 35 Min. Backen • 30 Min Abkühlen • Pro Stück ca. 470 kcal, 6 g E, 30 g F, 43 g KH

MÖHREN-KUCHEN MIT CREAMCHEESE-FROSTING

CREMIG-FRISCH

FÜR DEN RÜHRTEIG

300 g Möhren
300 g weiche Butter
250 g Puderzucker
Salz
7 Eier (M)
500 g Mehl
150 g Kokosraspel
1 Pck. Backpulver
150 ml Buttermilch

FÜR DAS FROSTING

200 g weiche Butter
380 g Puderzucker
600 g Frischkäse (Doppelrahmstufe)
1 Bio-Limette

AUSSERDEM

1 Backblech (Innenmaße ca. 41 × 35 cm)
Butter für das Blech

RÜHRTEIG: Backofen auf 180° vorheizen. Das Backblech fetten und mit Backpapier auslegen. Möhren putzen, schälen und fein raspeln. Zimmerwarme Butter mit Puderzucker und 1 Prise Salz in 8 Min. hell-cremig aufschlagen. Die Eier einzeln zugeben, danach die Möhrenraspel unterrühren. Mehl, Kokosraspel und Backpulver in einer Schüssel mischen. Mehl-Mix und Buttermilch abwechselnd unter den Teig rühren.

Den Teig auf das Backpapier geben und sehr glatt sowie gleichmäßig bis zum Rand des Bleches verstreichen. Im vorgeheizten Ofen (Mitte) 30–35 Min. backen. Den fertigen Boden ca. 30 Min. auf einem Kuchenrost auskühlen lassen.

FROSTING: Limette heiß waschen, abtrocknen. Die Schale fein abreiben. Butter mit Puderzucker und Limettenschale in 8 Min. cremig aufschlagen. Zimmerwarmen Frischkäse nach und nach zugeben, bis eine glatte Masse entstanden ist.

FERTIGSTELLEN: Den Tortenboden vom Backpapier lösen und auf eine Kuchenplatte geben. Das Creamcheese-Frosting leicht wolkig auf dem Möhren-Kuchen verstreichen.

TIPP
Butter und Frischkäse sollten immer die gleiche Temperatur haben, damit das Frosting schön fluffig wird und nicht gerinnt.

FRÜHJAHR & SOMMER

Für 20 Stücke • 30 Min. Zubereitung • 25 Min. Backen • 30 Min. Abkühlen • Pro Stück ca. 300 kcal, 3 g E, 15 g F, 39 g KH

ZITRONEN-KUCHEN

FÜR KINDER

2 Bio-Zitronen
300 g weiche Butter
250 g Zucker
Salz
5 Eier (M)
300 g Mehl
1 Pck. Backpulver
300 g Puderzucker
1 Backblech (Innenmaße ca. 41 × 35 cm)
Butter für das Blech

1 Den Backofen auf 180° vorheizen. Das Backblech fetten und mit Backpapier auslegen. Zitronen heiß waschen, abtrocknen. Die Schale fein abreiben. Die Zitronen halbieren und den Saft auspressen.

2 Zimmerwarme Butter mit der Hälfte Zitronenschale, Zucker und 1 Prise Salz in 8 Min. hell-cremig aufschlagen. Die Eier einzeln unterrühren. Mehl und Backpulver in einer Schüssel mischen und im Wechsel mit der halben Menge Zitronensaft unter den Teig rühren.

3 Teig auf das Backpapier geben und sehr glatt sowie gleichmäßig bis zum Rand des Bleches verstreichen. Im Ofen (Mitte) ca. 25 Min. backen, dann auf einem Kuchenrost etwa 30 Min. abkühlen lassen.

4 Puderzucker und restlichen Zitronensaft zu einem Guss verrühren. Übrige Zitronenschale einrühren. Den Guss auf den abgekühlten Kuchen streichen und fest werden lassen.

Für 20 Stücke • 20 Min. Zubereitung • 25 Min. Backen • Pro Stück ca. 265 kcal, 4 g E, 15 g F, 28 g KH

JOGHURT-JOHANNISBEER-KUCHEN

ERFRISCHEND

4 Eier (M)
200 g Zucker
1 Pck. Vanillezucker
Salz
250 ml Öl
300 g Joghurt (3,5 % Fettgehalt)
450 g Mehl
1 Pck. Backpulver
400 g Johannisbeeren (ersatzweise TK-Johannisbeeren)
1 Backblech (Innenmaße ca. 41 × 35 cm)
Butter für das Blech

1 Backofen auf 180° vorheizen. Das Backblech fetten und mit Backpapier auslegen. Eier, Zucker, Vanillezucker und 1 Prise Salz in 8 Min. cremig aufschlagen. Zuerst das Öl, dann den Joghurt hinzufügen. Mehl und Backpulver vermischen und unter den Teig rühren.

2 Teig auf das Backblech geben und sehr glatt sowie gleichmäßig bis zum Rand des Bleches verstreichen. Johannisbeeren darauf verteilen. Den Kuchen im vorgeheizten Ofen (Mitte) etwa 25 Min. backen. Anschließend auf einem Kuchenrost auskühlen lassen.

Für 20 Stücke • 20 Min. Zubereitung • 20 Min. Ruhen • 40 Min. Backen •
Pro Stück ca. 155 kcal, 4 g E, 5 g F, 23 g KH

BLITZ-BLECHKUCHEN MIT OBST

SCHNELL

FÜR DEN QUARK-ÖL-TEIG

200 g Magerquark
60 ml Milch
70 ml Öl
1 Ei
80 g Zucker
1 Pck. Vanillezucker
Salz
400 g Mehl
1 Pc.k Backpulver

FÜR DEN BELAG

1,5 kg Aprikosen (ersatzweise 2 Dosen Aprikosen à 475 g Abtropfgewicht)
nach Belieben geröstete Mandelblättchen oder Zimtpulver und Zucker zum Bestreuen

AUSSERDEM

1 Backblech (Innenmaße ca. 41 × 35 cm)
Butter für das Blech
Mehl zum Arbeiten

QUARK-ÖL-TEIG: Den Backofen auf 200° vorheizen. Das Backblech fetten und mit Backpapier auslegen. Quark, Milch und Öl mit dem Ei in eine Schüssel geben und glatt rühren.

Zucker, Vanillezucker und 1 Prise Salz in einer Rührschüssel mit Mehl und Backpulver mischen. Den Quark-Mix hinzufügen und alles mit den Knethaken des Handrührgeräts zu einem glatten Teig verarbeiten. In Frischhaltefolie ca. 5 Min. ruhen lassen.

BELAG: Inzwischen Aprikosen waschen, trocknen, halbieren und entsteinen. Den Teig auf der bemehlten Arbeitsfläche auf Blechgröße ausrollen und auf das Backpapier geben. Die Aprikosen mit der Rundung nach oben darauf verteilen.

FERTIGSTELLEN: Den Kuchen im vorgeheizten Ofen (Mitte) 30–40 Min. backen. Anschließend auf einem Kuchenrost auskühlen lassen. Nach Belieben mit gerösteten Mandelblättchen oder Zimt und Zucker bestreuen und sofort servieren.

VARIANTE

Statt Aprikosen können Sie auch jedes beliebige andere Obst als Belag wählen. Sehr gut schmecken beispielsweise 1,5 kg Äpfel oder Zwetschgen bzw. 2 Gläser Sauerkirschen à 350 g Abtropfgewicht. Wenn Sie den Kuchen nicht im Sommer, sondern aus dem Vorrat zubereiten, ist auch eine Kombi aus 750 g Äpfeln und 750 g Zwetschgen prima! Diese dann einfach nach dem Backen mit Zimt und Zucker bestreuen.

Für 24 Stücke • 1 Std. Zubereitung • 45 Min. Gehen • 35 Min. Backen • Pro Stück ca. 265 kcal, 5 g E, 15 g F, 28 g KH

APRIKOSEN-KOKOS-KUCHEN

EXOTISCH

300 g Kokosmilch
1 Würfel frische Hefe
225 g Zucker
500 g Mehl
Salz
1 Ei (M)
225 g Butter
1,5 kg Aprikosen (ersatzweise 2 Dosen Aprikosen à 475 g Abtropfgewicht)
150 g Mandelblättchen
1 Backblech (Innenmaße ca. 41 × 35 cm)
Butter für das Blech
Mehl zum Arbeiten

1 250 g Kokosmilch handwarm erwärmen und mit zerbröckelter Hefe und 1 EL Zucker verrühren. 10 Min. stehen lassen. 55 g Zucker, Mehl und 1 Prise Salz mischen. Hefemilch, Ei und 75 g zimmerwarme Butter dazugeben und alles zu einem glatten Teig verkneten. Abgedeckt an einem warmen Ort ca. 45 Min. gehen lassen.

2 Ofen auf 200° vorheizen. Backblech fetten, mit Backpapier auslegen. Aprikosen waschen, halbieren und entsteinen. Übrige Butter (150 g), restlichen Zucker (150 g) und 50 g Kokosmilch in einem Topf schmelzen und 1–2 Min. köcheln lassen. Mandeln einrühren.

3 Den Teig auf der leicht bemehlten Arbeitsfläche auf Blechgröße ausrollen, auf das Backpapier geben und mit Aprikosen belegen. Mandelmasse darüber verteilen. Den Kuchen im vorgeheizten Ofen (Mitte) ca. 35 Min. backen. Auf einem Kuchenrost auskühlen lassen.

Für 20 Stücke • 35 Min. Zubereitung • 35 Min. Backen • Pro Stück ca. 280 kcal, 8 g E, 17 g F, 24 g KH

BEEREN-CHEESECAKE

FRUCHTIG

200 g Butter
350 g Vollkorn-Butterkekse
½ Bio-Zitrone
600 g Magerquark
300 g Frischkäse (Doppelrahmstufe)
150 g Zucker
60 g Sahne
50 g Mehl
2 Eier (M)
350 g TK-Waldbeeren
1 Backblech (Innenmaße ca. 41 × 35 cm)
Butter für das Blech

1 Die Butter bei kleiner Hitze schmelzen. Vollkorn-Kekse portionsweise in einen Frischhaltebeutel geben und mit dem Nudelholz fein zermahlen. Butter und Keksbrösel gründlich vermischen.

2 Den Backofen auf 180° vorheizen. Das Backblech fetten und mit Backpapier auslegen. Butter-Keks-Mischung auf dem Blech verteilen und mit den Händen fest zu einem Boden andrücken.

3 Zitrone heiß waschen, abtrocknen und ca. 2 TL Schale fein abreiben. Den Saft auspressen. Schale und Saft mit Quark, Frischkäse, Zucker, Sahne, Mehl und Eiern zu einer glatten Creme verrühren.

4 Die Creme auf dem Keksboden verstreichen, die TK-Beeren gleichmäßig darüber verteilen. Im vorgeheizten Ofen (Mitte) etwa 35 Min. backen. Danach auf einem Kuchenrost auskühlen lassen.

BIENENSTICH

KLASSIKER

Für 24 Stücke • 70 Min. Zubereitung • 45 Min. Gehen • 25 Min. Backen • 1 Std. 30 Min. Abkühlen • 1 Std. Kühlen • Pro Stück ca. 325 kcal, 7 g E, 20 g F, 30 g KH

FÜR DEN HEFETEIG
225 ml Milch
1 Würfel frische Hefe
50 g Zucker
550 g Mehl
2 Eier (M)
75 g weiche Butter

FÜR DIE MANDELKRUSTE
125 g Butter
150 g Zucker
3 EL Sahne
200 g Mandelblättchen

FÜR DIE CREME
4 Blatt Gelatine
1 Pck. Vanillepuddingpulver
50 g Zucker
400 ml Milch
50 g Butter
300 g Sahne
300 g Erdbeeren (nach Belieben)

AUSSERDEM
1 Backblech (Innenmaße ca. 41 × 35 cm)
Butter für das Blech
Mehl zum Arbeiten

HEFETEIG: Milch handwarm erwärmen und mit zerbröckelter Hefe und 1 EL Zucker verrühren. 10 Min. stehen lassen. Übrigen Zucker (30 g) und Mehl mischen. Mit Hefemilch, Eiern und zimmerwarmer Butter zu einem glatten Teig verkneten. Abgedeckt an einem warmen Ort ca. 45 Min. gehen lassen.

MANDELKRUSTE: Butter, Zucker und Sahne in einen Topf geben, bei kleiner Hitze schmelzen und 1–2 Min. köcheln lassen. Dann vom Herd nehmen und die Mandeln unterrühren.

BACKEN: Ofen auf 200° vorheizen. Das Backblech fetten und mit Backpapier auslegen. Den Teig auf der bemehlten Arbeitsfläche auf Blechgröße ausrollen, auf das Backpapier geben und die Mandelmasse darauf verstreichen (1). Im vorgeheizten Ofen (Mitte) etwa 25 Min. backen. Anschließend auf einem Kuchenrost ca. 45 Min. auskühlen lassen.

CREME: Gelatine 5 Min. in kaltem Wasser einweichen. Puddingpulver und Zucker mit etwas Milch glatt rühren. Übrige Milch aufkochen, vom Herd nehmen. Pudding-Mix einrühren. Unter Rühren aufkochen, bis die Creme eindickt. Butter untermischen (2). Pudding direkt an der Oberfläche mit Folie abdecken und ca. 5 Min. abkühlen lassen, dann die ausgedrückte Gelatine einrühren. Erneut direkt mit Folie abdecken und auf Raumtemperatur abkühlen lassen. Sahne steif schlagen und unterheben (3). Erdbeeren abbrausen, entkelchen, würfeln und unterheben. Creme abgedeckt ca. 30 Min. kühl stellen.

FERTIGSTELLEN: Den Tortenboden vom Backpapier lösen, halbieren und die Hälften jeweils waagrecht teilen (4). Die Oberteile mit der Mandelkruste in 24 Stücke teilen (5). Die ungeschnittenen Hälften auf eine Kuchenplatte geben und gleichmäßig mit Puddingcreme bestreichen. Die geschnittenen Stücke auflegen (6) und den Bienenstich ca. 1 Std. kühlen.

Für 12 Stücke • 50 Min. Zubereitung • 30 Min. Backen • 1 Std. Kühlen •
Pro Stück ca. 430 kcal, 8 g E, 19 g F, 57 g KH

KNUSPERBAISER-KUCHEN MIT HIMBEEREN

GUT VORZUBEREITEN

FÜR DEN BAISERTEIG

60 g Butter
6 Eier (M)
475 g Zucker
Salz
90 ml Milch
210 g Mehl
3 TL Backpulver
60 g Mandelblättchen

FÜR DIE CREME

300 g Sahne
2 Pck. Sahnefestiger
400 g Himbeeren (ersatzweise TK-Himbeeren)

AUSSERDEM

1 Backblech (Innenmaße ca. 41 × 35 cm)
Butter für das Blech

BAISERTEIG: Backofen auf 180° vorheizen. Das Backblech fetten und mit Backpapier auslegen. Die Butter in einem Topf bei kleiner Hitze schmelzen und leicht abkühlen lassen. 5 Eier trennen. Eiweiße mit 50 g Zucker und 1 Prise Salz fest cremig aufschlagen. Dabei nach und nach weitere 250 g Zucker einrieseln lassen. Den Eischnee abgedeckt kühl stellen.

Eigelbe und übriges Ei mit restlichem Zucker (175 g) in 5 Min. cremig aufschlagen. Zuerst die flüssige Butter, dann die Milch einrühren. Mehl mit Backpulver mischen und unterrühren.

Den leicht zähen Teig auf das Backpapier geben und sehr glatt sowie gleichmäßig bis zum Rand des Bleches verstreichen. Den Eischnee wolkig darauf verteilen, dabei rundherum einen kleinen Rand lassen. Die Mandelblättchen aufstreuen. Im vorgeheizten Ofen (Mitte) ca. 30 Min. backen. Den fertigen Tortenboden auf einem Kuchenrost auskühlen lassen.

FERTIGSTELLEN: Sahne mit Sahnefestiger steif schlagen. Himbeeren kurz abbrausen, trocken tupfen und unterheben. Den Tortenboden vorsichtig vom Backpapier lösen und einmal quer halbieren. Eine der Hälften in 12 Stücke schneiden. Die andere Hälfte auf eine Kuchenplatte geben und gleichmäßig mit der Himbeersahne bestreichen. Die geschnittenen Stücke auflegen und den Kuchen ca. 1 Std. kühl stellen.

Für 20 Stücke • 50 Min. Zubereitung • 30 Min. Backen • Pro Stück ca. 425 kcal, 5 g E, 20 g F, 56 g KH

ERDBEER-CRUMBLE-KUCHEN

FÜR KINDER

450 g Mehl
300 g Zucker
Salz
60 g zarte Haferflocken
40 g gehackte Haselnüsse
390 g Butter
4 Eier (M)
3 TL Backpulver
100 ml Milch
300 g Erdbeeren
500 g Erdbeermarmelade
1 Backblech (Innenmaße ca. 41 × 35 cm)
Butter für das Blech

1 Für die Streusel 200 g Mehl, 100 g Zucker, 1 Prise Salz, Haferflocken und gehackte Nüsse in einer Schüssel mischen. 140 g kalte Butter in Würfeln hinzufügen und mit den Knethaken des Handrührgeräts krümelig untermischen. Die Streusel kühl stellen.

2 Backofen auf 180° vorheizen. Das Backblech fetten und mit Backpapier auslegen. 250 g zimmerwarme Butter mit 200 g Zucker und 1 Prise Salz in 8 Min. cremig aufschlagen. Eier einzeln zugeben. Übriges Mehl (250 g) mit Backpulver mischen und im Wechsel mit der Milch unter den Teig rühren. Teig auf das Backpapier geben und sehr glatt sowie gleichmäßig bis zum Rand des Bleches verstreichen.

3 Erdbeeren kalt abbrausen, entkelchen und vierteln. Die Marmelade vorsichtig auf dem Teig verteilen, die Erdbeerviertel darauf geben. Mit Streuseln bestreuen. Den Kuchen im vorgeheizten Ofen (Mitte) ca. 30 Min. backen. Auf einem Kuchenrost auskühlen lassen.

Für 20 Stücke • 50 Min. Zubereitung • 30 Min. Backen • Pro Stück ca. 305 kcal, 5 g E, 20 g F, 26 g KH

MARZIPAN-RHABARBER-KUCHEN

GUT VORZUBEREITEN

1 kg Rhabarber (ersatzweise TK-Rhabarber)
100 g Marzipanrohmasse
300 g weiche Butter
250 g Zucker
Salz
4 Eier (M)
250 g Mehl
150 g gemahlene Mandeln
1 Pck. Backpulver
100 ml Milch
Puderzucker (nach Belieben)
1 Backblech (Innenmaße ca. 41 × 35 cm)
Butter für das Blech

1 Backofen auf 180° Grad vorheizen. Das Backblech fetten und mit Backpapier auslegen. Rhabarber waschen, bei Bedarf entfädeln und die harten Enden abschneiden. Jede Stange längs halbieren und in gleich große Stücke schneiden. Die Marzipanrohmasse grob reiben.

2 Die zimmerwarme Butter mit Zucker und 1 Prise Salz in 8 Min. hell-cremig aufschlagen. Die Eier einzeln einrühren, danach die Marzipanraspel hinzufügen. Mehl, Mandeln und Backpulver mischen und im Wechsel mit der Milch unter den Teig rühren.

3 Den Teig auf das Backblech geben und sehr glatt sowie gleichmäßig bis zum Rand des Bleches verstreichen. Rhabarberstücke schachbrettartig auf dem Teig verteilen. Den Kuchen im Ofen (Mitte) ca. 30 Min. backen, dann auf einem Kuchenrost auskühlen lassen. Vor dem Servieren nach Wunsch mit Puderzucker bestäuben.

HERBST & WINTER

Für 20 Stücke • 40 Min. Zubereitung • 1 Std. Kühlen • 45 Min. Backen •
Pro Stück ca. 315 kcal, 4 g E, 14 g F, 44 g KH

APFEL-HOLUNDER-STREUSELKUCHEN

EINFACH GUT

FÜR DEN MÜRBETEIG

½ Bio-Zitrone
600 g Mehl
Salz
300 g kalte Butter
300 g Zucker
1 Ei (M)

FÜR DEN BELAG

1,5 kg säuerliche Äpfel (z. B. Boskop, Elstar)
2 EL Stärke
50 ml Holundersirup

AUSSERDEM

1 Backblech (Innenmaße ca. 41 × 35 cm)
Butter für das Blech

MÜRBETEIG: Zitrone heiß waschen, abtrocknen und die Schale fein abreiben. Den Saft auspressen. Mehl, Zitronenschale und 1 Prise Salz in einer Schüssel mischen. Die kalte Butter in kleinen Würfeln zugeben und mit den Knethaken des Handrührgeräts krümelig untermischen. Zuletzt Zucker und Ei hinzufügen und alles zügig zu Streuseln verkneten. Die Streusel ca. 1 Std. abgedeckt in den Kühlschrank stellen.

BELAG: Äpfel schälen, vierteln, entkernen und würfeln. Die Würfel mit Zitronensaft, Stärke und Holundersirup mischen.

FERTIGSTELLEN: Den Backofen auf 180° vorheizen. Das Backblech fetten und mit Backpapier auslegen. Etwa zwei Drittel der Streusel gleichmäßig auf dem Blech verteilen und mit den Händen fest zu einem Boden andrücken. Apfel-Mix darauf verteilen. Restliche Streusel darüber streuen. Den Kuchen im vorgeheizten Ofen (Mitte) ca. 45 Min. backen. Anschließend auf einem Kuchenrost auskühlen lassen.

TIPP
Schmeckt auch lauwarm als »Crumble« wunderbar! Dazu passt eine Kugel Vanilleeis.

Für 24 Stücke • 1 Std. Zubereitung • 45 Min. Gehen • 35 Min. Backen • Pro Stück ca. 235 kcal, 4 g E, 9 g F, 34 g KH

ZWETSCHGEN-KUCHEN MIT VANILLESTREUSELN

DREAMTEAM

FÜR DEN HEFETEIG

250 ml Milch
1 Würfel frische Hefe
75 g Zucker
500 g Mehl
Salz
1 Ei (M)
75 g weiche Butter

FÜR DIE STREUSEL

200 g Mehl
80 g Zucker
2 Pck. Vanillezucker
Salz
140 g kalte Butter

FÜR DEN BELAG

1,5 kg Zwetschgen

AUSSERDEM

1 Backblech (Innenmaße ca. 41 × 35 cm)
Butter für das Blech
Mehl zum Arbeiten

HEFETEIG: Die Milch handwarm erwärmen und mit zerbröckelter Hefe und 1 EL Zucker verrühren. 10 Min. stehen lassen. Übrigen Zucker (55 g) mit dem Mehl und 1 Prise Salz in einer Schüssel vermischen. Hefemilch, Ei und zimmerwarme Butter dazugeben und alle Zutaten zu einem glatten Teig verkneten. Abgedeckt an einem warmen Ort ca. 45 Min. gehen lassen.

STREUSEL: Mehl, Zucker, Vanillezucker und 1 Prise Salz in einer Schüssel mischen. Die kalte Butter in kleinen Würfeln hinzufügen und mit den Knethaken des Handrührgeräts krümelig untermischen. Die Streusel abgedeckt kühl stellen.

FERTIGSTELLEN: Den Backofen auf 200° vorheizen. Das Backblech fetten und mit Backpapier auslegen. Die Zwetschgen putzen, waschen, trocknen, halbieren und entsteinen.

Den Teig auf der leicht bemehlten Arbeitsfläche auf Blechgröße ausrollen und auf das Backpapier geben. Die Zwetschgen mit der runden Seite nach unten dachziegelartig auflegen und gleichmäßig mit Streuseln bestreuen. Im vorgeheizten Ofen (Mitte) ca. 30–35 Min. backen. Den fertigen Kuchen herausnehmen und auf einem Kuchenrost auskühlen lassen.

Für 24 Stück • 25 Min. Zubereitung • 25 Min. Backen • Pro Stück ca. 275 kcal, 4 g E, 18 g F, 23 g KH

DOUBLE CHOCOLATE BROWNIES

FÜR SCHOKOHOLICS

380 g Butter
150 g Zartbitterschokolade (mind. 70 % Kakaogehalt)
250 g Zucker
Salz
6 Eier (M)
350 g Mehl
60 g Kakaopulver
3 TL Backpulver
Meersalzflocken (nach Belieben)
1 Backblech (Innenmaße ca. 41 × 35 cm)
Butter für das Blech

1 Backofen auf 180° vorheizen. Das Backblech fetten und mit Backpapier auslegen. Butter in einen Topf geben und bei kleiner Hitze schmelzen. Danach leicht abkühlen lassen.

2 Schokolade grob hacken. Geschmolzene Butter mit Zucker und 1 Prise Salz verrühren. Eier nach und nach hinzufügen. Mehl, Kakaopulver und Backpulver vermischen und unter den Teig rühren. Zuletzt die Schokoladenstücke unterheben.

3 Den Teig auf das Backpapier geben und sehr glatt sowie gleichmäßig bis zum Rand des Bleches verstreichen. Nach Wunsch mit ein paar Meersalzflocken bestreuen. Im vorgeheizten Ofen (Mitte) ca. 25 Min. backen. Danach auf einem Kuchenrost auskühlen lassen.

Für 20 Stücke • 40 Min. Zubereitung • 30 Min. Backen • Pro Stück ca. 265 kcal, 4 g E, 15 g F, 29 g KH

VERSUNKENER APFELKUCHEN

FÜRS BÜFETT

½ Zitrone
1,2 kg säuerliche Äpfel
75 g Mandelblättchen
230 g Zucker
250 g weiche Butter
1 ½ TL Zimtpulver
Salz
4 Eier (M)
350 g Mehl
3 TL Backpulver
100 ml Milch
1 Backblech (Innenmaße ca. 41 × 35 cm)
Butter für das Blech

1 Den Saft der Zitrone auspressen. Die Äpfel schälen, vierteln und entkernen. Die Apfelviertel an ihrer Außenseite mehrmals einschneiden, ohne durchzuschneiden. Dann sofort mit Zitronensaft beträufeln. Die Mandelblättchen mit 30 g Zucker vermischen.

2 Den Backofen auf 180° vorheizen. Das Backblech fetten und mit Backpapier auslegen. Zimmerwarme Butter mit restlichem Zucker (200 g), Zimt und 1 Prise Salz in 8 Min. cremig aufschlagen. Die Eier nach und nach hinzufügen. Mehl und Backpulver in einer Schüssel vermischen und im Wechsel mit der Milch unterrühren.

3 Teig auf das Backpapier geben und sehr glatt sowie gleichmäßig bis zum Rand des Bleches verstreichen. Apfelviertel mit dem Anschnitt nach oben darauf verteilen. Mandel-Zucker-Mix aufstreuen, die Äpfel dabei aussparen. Den Kuchen im vorgeheizten Ofen (Mitte) ca. 30 Min. backen. Danach auf einem Kuchenrost auskühlen lassen.

Für 24 Stücke • 40 Min. Zubereitung • 45 Min. Gehen • 35 Min. Backen • Pro Stück ca. 225 kcal, 4 g E, 10 g F, 29 g KH

BIRNENKUCHEN MIT PINIENKERNSTREUSELN

KERNIGER GENUSS

FÜR DEN HEFETEIG

200 ml Milch
½ Würfel frische Hefe
50 g Zucker
1 Pck. Vanillezucker
375 g Mehl
Salz
1 Ei (M)
50 g weiche Butter

FÜR DIE STREUSEL

100 g Pinienkerne
200 g Mehl
100 g Zucker
Salz
140 g kalte Butter

FÜR DEN BELAG

½ Zitrone
1,3 kg kleine, feste Birnen

AUSSERDEM

1 Backblech (Innenmaße ca. 41 × 35 cm)
Butter für das Blech
Mehl zum Arbeiten

HEFETEIG: Die Milch handwarm erwärmen und mit zerbröckelter Hefe und 1 EL Zucker verrühren. 10 Min. stehen lassen. Restlichen Zucker (30 g) mit Vanillezucker, Mehl und 1 Prise Salz in einer Rührschüssel vermischen. Mit Hefemilch, Ei und zimmerwarmer Butter zu einem glatten Teig verkneten. Abgedeckt an einem warmen Ort ca. 45 Min. gehen lassen.

STREUSEL: Pinienkerne mit Mehl, Zucker und 1 Prise Salz in einer Schüssel vermischen. Kalte Butter in kleinen Würfeln hinzufügen und mit den Knethaken des Handrührgeräts krümelig untermischen. Den Streuselteig abgedeckt kühl stellen.

BELAG: Den Saft der Zitrone auspressen. Birnen waschen, schälen und in Viertel schneiden, dabei das Kerngehäuse entfernen. Die Birnenviertel sofort mit Zitronensaft beträufeln.

FERTIGSTELLEN: Backofen auf 200° vorheizen. Das Backblech fetten und mit Backpapier auslegen. Den Teig auf der leicht bemehlten Arbeitsfläche auf Blechgröße ausrollen und auf das Backpapier geben. Die Birnen mit der Rundung nach oben auf den Teig legen. Die Streusel gleichmäßig darüber verteilen. Im vorgeheizten Ofen (Mitte) 30–35 Min. backen. Anschließend auf einem Kuchenrost auskühlen lassen.

Für 20 Stücke • 40 Min. Zubereitung • 25 Min. Backen • 30 Min. Kühlen • Pro Stück ca. 330 kcal, 4 g E, 18 g F, 38 g KH

APFELMUS-KUCHEN MIT ZIMTGLASUR

SAFTIG FRISCH

300 g weiche Butter
250 g Zucker
Salz
4 Eier (M)
250 g Apfelmus
350 g Mehl
1 Pck. Backpulver
200 g Puderzucker
250 g Frischkäse (Doppelrahmstufe)
2 TL Zimtpulver
20 ml Milch
1 Backblech (Innenmaße ca. 41 × 35 cm)
Butter für das Blech

1 Den Backofen auf 180° vorheizen. Das Backblech fetten und mit Backpapier auslegen. Die zimmerwarme Butter mit Zucker und 1 Prise Salz in ca. 8 Min. hell-cremig aufschlagen. Eier nach und nach unterrühren. Dann das Apfelmus hinzufügen. Mehl und Backpulver in einer Schüssel vermischen und unter den Teig rühren.

2 Teig auf das Backpapier geben und sehr glatt sowie gleichmäßig bis zum Rand des Bleches verstreichen. Im vorgeheizten Ofen (Mitte) ca. 25 Min. backen. Auf einem Kuchenrost auskühlen lassen.

3 Puderzucker, Frischkäse und Zimt in ca. 3 Min. cremig aufschlagen. Milch einfließen lassen und kurz weiterrühren. Den Tortenboden vom Backpapier lösen und auf eine Kuchenplatte geben. Glasur gleichmäßig auf dem Kuchen verstreichen. Etwa 30 Min. kühl stellen.

Für 20 Stücke • 50 Min. Zubereitung • 30 Min. Backen • Pro Stück ca. 275 kcal, 4 g E, 15 g F, 30 g KH

MARMORKUCHEN MIT ZIMT & BIRNEN

FÜR KINDER

½ Zitrone
1 kg kleine, feste Birnen
300 g weiche Butter
250 g Zucker
Salz
5 Eier (M)
350 g Mehl
1 Pck. Backpulver
100 ml Milch
2 TL Zimtpulver
3 EL Kakaopulver
1 Backblech (Innenmaße ca. 41 × 35 cm)
Butter für das Blech

1 Den Saft der Zitrone auspressen. Die Birnen waschen, schälen und in Viertel schneiden, dabei das Kerngehäuse entfernen. Die Birnenviertel an der Außenseite mehrfach einschneiden, ohne durchzuschneiden. Dann sofort mit Zitronensaft beträufeln.

2 Ofen auf 180° vorheizen. Backblech fetten und mit Backpapier auslegen. Zimmerwarme Butter mit Zucker und 1 Prise Salz in ca. 8 Min. cremig aufschlagen. Eier einzeln hinzufügen. Mehl mit Backpulver mischen und im Wechsel mit der Milch unterrühren.

3 Teig auf zwei Schüsseln aufteilen. In eine Hälfte das Zimtpulver einrühren, in die andere den Kakao. Teige in Klecksen auf das Backpapier geben. Für den Marmoreffekt eine Gabel in Kreisen durch beide Teige ziehen. Birnen mit der eingeschnittenen Seite nach oben darauf verteilen. Den Kuchen im vorgeheizten Ofen (Mitte) ca. 30 Min. backen. Auf einem Kuchenrost auskühlen lassen.

Für 20 Stücke • 40 Min. Zubereitung • 25 Min. Backen • 30 Min. Kühlen • Pro Stück ca. 330 kcal, 5 g E, 19 g F, 35 g KH

ORANGEN-MOHN-KUCHEN

FRUCHTIG

FÜR DEN RÜHRTEIG

2 Bio-Orangen
300 g weiche Butter
250 g Zucker
Salz
5 Eier (M)
300 g Mehl
50 g gemahlene Mohnsamen
1 Pck. Backpulver

FÜR DIE GLASUR

200 g Puderzucker
250 g Frischkäse (Doppelrahmstufe)

AUSSERDEM

1 Backblech (Innenmaße ca. 41 × 35 cm)
Butter für das Blech

RÜHRTEIG: Backofen auf 180° vorheizen. Das Backblech fetten und mit Backpapier auslegen. Orangen heiß waschen und trocken reiben. Von einer Orange die Schale fein abreiben, von der zweiten die Schale in Zesten abziehen. Dann die Orangen halbieren und den Saft auspressen.

Zimmerwarme Butter mit geriebener Orangenschale, Zucker und 1 Prise Salz in ca. 8 Min. cremig aufschlagen. Eier nach und nach hinzufügen. Mehl, Mohn und Backpulver mischen. Im Wechsel mit 150 ml Orangensaft unter den Teig ruhren.

Den Teig auf das Backpapier geben und sehr glatt sowie gleichmäßig bis zum Rand des Bleches verstreichen. Im vorgeheizten Ofen (Mitte) etwa 25 Min. backen. Den fertigen Tortenboden auf einem Kuchenrost auskühlen lassen.

GLASUR: Puderzucker und Frischkäse in ca. 3 Min. cremig aufschlagen. 20 ml Orangensaft einfließen lassen und kurz weiterschlagen. Den Tortenboden vorsichtig vom Backpapier lösen und die Glasur gleichmäßig aufstreichen. Orangenzesten darauf verteilen. Den Kuchen ca. 30 Min. kühl stellen.

Für 24 Stücke • 50 Min. Zubereitung • 1 Std. Kühlen • 1 Std. Backen • Pro Stück ca. 400 kcal, 9 g E, 21 g F, 45 g KH

MOHN-INGWER-KUCHEN MIT STREUSELN

SPITZEN-KOMBI

FÜR DEN MÜRBETEIG

2 Eier (M)
Salz
600 g Mehl
300 g kalte Butter
300 g Zucker

FÜR DIE CREME

1 Stück Ingwer (ca. 6 cm lang)
4 Pck. Vanillepuddingpulver
120 g Zucker
1,5 l Milch
400 g gemahlene Mohnsamen

AUSSERDEM

1 Backblech (Innenmaße ca. 41 × 35 cm)
Butter für das Blech

GU CLOU

Warum nicht auch mal mit Ingwer? Dieser gibt der klassischen Mohncreme eine frische, zitronige Note!

MÜRBETEIG: Eier trennen. Die Eiweiße mit einer Prise Salz steif schlagen, kühl stellen. Mehl und 1 Prise Salz in einer Rührschüssel mischen. Die kalte Butter in Würfeln hinzufügen und mit den Knethaken des Handrührgeräts krümelig untermischen. Zucker und Eigelbe zugeben und alles zügig zu Streuseln verkneten. Abgedeckt für ca. 1 Std. kühl stellen.

CREME: Ingwer schälen, fein reiben. Puddingpulver und Zucker mit etwas Milch glatt rühren. Übrige Milch aufkochen. Milch vom Herd nehmen, Pudding-Mix, Mohn und Ingwer mit einem Rührbesen einrühren und nochmals aufkochen. Creme 5 Min. abkühlen lassen, dann den Eischnee unterheben.

Backofen auf 180° vorheizen. Das Backblech fetten und mit Backpapier auslegen. Zwei Drittel der Streusel auf dem Blech verteilen und mit den Händen fest zu einem Boden andrücken. Mohncreme gleichmäßig auf dem Boden verstreichen. Restliche Streusel auf der Creme verteilen. Den Kuchen im vorgeheizten Ofen (Mitte) ca. 1 Std. backen. Anschließend herausnehmen und auf einem Kuchenrost auskühlen lassen.

Für 20 Stücke • 2 Std. Einweichen • 30 Min. Zubereitung • 30 Min. Backen •
Pro Stück ca. 360 kcal, 9 g E, 18 g F, 40 g KH

MARZIPANHAPPEN

OHNE KNETEN

200 g getrocknete Cranberrys
100 ml Orangenlikör (ersatzweise Orangensaft)
100 g gemahlene Mandeln
200 g weiche Butter
150 g Puderzucker
Salz
4 Eier (M)
250 g Magerquark
400 g Mehl
1 Pck. Backpulver
150 g Marzipanrohmasse
70 g Butter zum Bestreichen
100 g Puderzucker zum Bestreuen

AUSSERDEM

1 Backblech (Innenmaße ca. 41 × 35 cm)
Butter für das Blech

VARIANTE

Noch fruchtiger wird's, wenn Sie mit den Cranberrys 100 g Orangeat im Orangenlikör bzw. Orangensaft einlegen und später – wie beschrieben – in den Teig einarbeiten.

1 Cranberrys grob hacken und mit dem Orangenlikör oder -saft verrühren. Mindestens 2 Std. abgedeckt ziehen lassen.

2 Backofen auf 180° vorheizen. Das Backblech fetten und mit Backpapier auslegen. Mandeln in einer weiten Pfanne ohne Fett anrösten, bis sie anfangen zu duften. Abkühlen lassen.

3 Zimmerwarme Butter mit Puderzucker und 1 Prise Salz in ca. 8 Min. hell-cremig aufschlagen. Eier nach und nach einrühren. Dann den Quark hinzufügen und untermischen.

4 Mehl, geröstete Mandeln und Backpulver mischen und ebenfalls unter den Teig rühren. Marzipan in feine Stücke schneiden und mit den eingelegten Cranberrys unterheben.

5 Den Teig auf das Backpapier geben und sehr glatt sowie gleichmäßig bis zum Rand des Bleches verstreichen. Im vorgeheizten Ofen (Mitte) ca. 30 Min. backen.

6 Butter schmelzen und den heißen Kuchen damit bestreichen. Auf einem Kuchenrost auskühlen lassen. Vor dem Servieren in Stücke schneiden und dick mit Puderzucker bestäuben.

Für 60 Stück • 40 Min. Zubereitung • 20 Min. Backen • Pro Stück ca. 130 kcal, 3 g E, 9 g F, 8 g KH

ELISENLEBKUCHEN

FÜR WEIHNACHTEN

FÜR DEN TEIG

200 g gehackte Mandeln
100 g gehackte Haselnusskerne
6 Eier (M)
200 g Zucker
Salz
4 TL Lebkuchengewürz
300 g gemahlene Mandeln
200 gemahlene Haselnusskerne
100 g geschälte Haselnüsse oder Mandeln

FÜR DIE GLASUR

2 EL Mandellikör (ersatzweise Orangensaft)
200 g Puderzucker

AUSSERDEM

1 Backblech (Innenmaße ca. 41 × 35 cm)
Butter für das Blech

RÜHRTEIG: Backofen auf 180° vorheizen. Das Backblech fetten und mit Backpapier auslegen. Die gehackten Mandeln und Haselnusskerne in einer weiten Pfanne ohne Fett anrösten, bis sie anfangen zu duften. Abkühlen lassen.

Eier mit Zucker, 1 Prise Salz und Lebkuchengewürz in ca. 10 Min. cremig aufschlagen. Gemahlene Mandeln und Haselnusskerne unterrühren, geröstete Nüsse unterheben.

BACKEN: Den Teig auf das Backpapier geben und sehr glatt sowie gleichmäßig bis zum Rand des Bleches verstreichen. Das geht am besten mit einer angefeuchteten Winkelpalette oder einem Löffel, da der Teig recht zäh ist. Geschälte Mandeln oder Haselnüsse gleichmäßig verteilt in den Teig drücken. Den Lebkuchen im vorgeheizten Ofen (Mitte) ca. 20 Min. backen. Auf einem Kuchenrost lauwarm abkühlen lassen.

GLASUR: Mandellikör und Puderzucker zu einem Guss verrühren, auf dem noch lauwarmen Kuchen verstreichen und fest werden lassen. Den Lebkuchen in ca. 60 Rauten schneiden. Am besten kühl und luftdicht verschlossen aufbewahren.

REGISTER

Abkürzungsverzeichnis:
E = Eiweiß
EL = Esslöffel (gestrichen)
F = Fett
kcal = Kilokalorien
KH = Kohlenhydrate
Msp. = Messerspitze
Pck. = Päckchen
TK = Tiefkühl
TL = Teelöffel (gestrichen)

GU ist eine eingetragene Marke der GRÄFE UND UNZER VERLAG GmbH, www.gu.de

ISBN 978-3-8338-7542-7
5. Auflage 2025

Projektleitung: Elke Sieferer
Lektorat: Dr. Stefanie Gronau
Korrektorat: Ulrike Wagner
Innen- und Umschlaggestaltung: independent Medien-Design, Horst Moser, München
Herstellung: Mendy Willerich
Satz: Kösel, Krugzell
Reproduktion: medienprinzen GmbH, München
Druck und Bindung: Firmengruppe APPL, aprinta druck, Wemding
Printed in Germany

Umwelthinweis:
Dieses Buch ist auf PEFC-zertifiziertem Papier aus nachhaltiger Waldwirtschaft gedruckt.

Syndication:
www.imageprofessionals.com

DIE AUTORIN

Anna Walz ist ausgebildete Konditorin, machte sich aber vor einigen Jahren als freie Foodstylistin und Rezeptentwicklerin selbstständig. Mittlerweile arbeitet sie nicht nur für die bekanntesten Zeitschriften und Fotografen, sondern schrieb auch bereits mehrere eigene Koch- und Backbücher. Beim Gräfe und Unzer Verlag erschien von ihr unter anderem der Titel »Ran ans Brot«.

DER FOTOGRAF

Mathias Neubauer ist Foodfotograf und Grafik-Designer, er arbeitet für internationale Buchverlage und Magazine wie den FEINSCHMECKER. In seinem Studio in Seligenstadt hat er die Blechkuchen-Rezepte stimmungsvoll in Szene gesetzt. Unterstützt wurde er dabei von **Andreas Neubauer** (Foodstyling).

BILDNACHWEIS

S. 6–59 und Stepfotos auf den Klappen: Mathias Neubauer; S. 1, 5 und Stillleben auf den Klappen: Coco Lang; Coverfoto: Kathrin Koschitzki; Autorenfoto: privat.

QUALITÄTS G|U GARANTIE

LIEBE LESERINNEN UND LESER,

wir wollen Ihnen mit diesem Buch Informationen und Anregungen geben, um Ihnen das Leben zu erleichtern oder Sie zu inspirieren, Neues auszuprobieren. Wir achten bei der Erstellung unserer Bücher auf Aktualität und stellen höchste Ansprüche an Inhalt und Gestaltung. Alle Anleitungen und Rezepte werden von unseren Autoren, jeweils Experten auf ihren Gebieten, gewissenhaft erstellt und von unseren Redakteur*innen mit größter Sorgfalt ausgewählt und geprüft.

Haben wir Ihre Erwartungen erfüllt? Sind Sie mit diesem Buch und seinen Inhalten zufrieden? Wir freuen uns auf Ihre Rückmeldung. Und wir freuen uns, wenn Sie diesen Titel weiterempfehlen, in Ihrem Freundeskreis oder bei Ihrem Online-Kauf.

Sollten wir Ihre Erwartungen so gar nicht erfüllt haben, tauschen wir Ihnen Ihr Buch jederzeit gegen ein gleichwertiges zum gleichen oder ähnlichen Thema um.

KONTAKT ZUM LESERSERVICE

GRÄFE UND UNZER VERLAG
Grillparzerstraße 8
81675 München
www.gu.de

APPETIT AUF MEHR?

ISBN 978-3-8338-6621-0

ISBN 978-3-8338-7078-1

ISBN 978-3-8338-7074-3

ISBN 978-3-8338-6976-1

ISBN 978-3-8338-6624-1

ISBN 978-3-8338-7357-7

Alle hier vorgestellten Bücher sind auch als eBook erhältlich.

GU

Mehr von GU auf **www.gu.de** und **facebook.com/gu.verlag**

DIE »GU KOCHEN PLUS«-APP

1 APP HERUNTERLADEN

Laden Sie die kostenlose »GU Kochen Plus«-App im Apple App Store oder im Google Play Store auf Ihr Smartphone. Starten Sie die App und wählen Sie Ihren Küchenratgeber aus.

2 REZEPTBILD SCANNEN

Scannen Sie das gewünschte Rezeptbild mit der Kamera Ihres Smartphones. Klicken Sie im Display die Funktion Ihrer Wahl.

3 FUNKTIONEN NUTZEN

Sammeln Sie Ihre Lieblingsrezepte. Speichern und verschicken Sie Ihre Einkaufslisten. Oder nutzen Sie den praktischen Supermarkt-Finder und den Rezept-Planer.